Denken Sie sich erfolgreich!

Sie wollen lernen, wie Warren Buffett zu denken?
Nachdem Sie dieses Buch mit seinen kultigsten Sprüchen und Leitsätzen gelesen haben, werden Sie nicht nur an der Börse brillieren.

The Best of Warren Buffett – 300 geniale Zitate, die zeigen, wie simpel der Weg zum Erfolg ist.

Warren E. Buffett, geboren 1930 in Omaha (Nebraska), ist der drittreichste Mann der Welt und erfolgreichste Investor aller Zeiten. Er gilt als Mozart der Finanzwelt und Superstar des Kapitalismus. Warren Buffett ist zum zweiten Mal verheiratet und lebt in Omaha.

Robert L. Bloch ist Direktor der H&R Block Foundation sowie Schatzmeister und Direktor der Marion and Henry Bloch Family Foundation. Sein Vater gründete 1955 die H&R Block Steuerberatung, heute die größte Steuerdienstleistungsfirma weltweit, an der auch Warren E. Buffett Anteile hält.

Weitere Informationen finden Sie auf www.fischerverlage.de.

MEINE WARREN BUFFETT BIBEL

ERFOLGREICH DENKEN LERNEN

Die Grundsätze des Star-Investors

Neu gesammelt von Robert L. Bloch

Aus dem Amerikanischen von Elisabeth Schmalen

FISCHER Taschenbuch

MIX
Papier | Fördert gute Waldnutzung
FSC® C083411
www.fsc.org

6. Auflage, 2024

Erschienen bei FISCHER Taschenbuch
Frankfurt am Main, Oktober 2016

Die amerikanische Originalausgabe erschien 2015
unter dem Titel ›My Warren Buffett Bible‹
bei Skyhorse Publishing, New York.

Für die deutschsprachige Ausgabe:

Satz: Pinkuin Satz und Datentechnik, Berlin
Druck und Bindung: CPI books GmbH, Leck
ISBN 978-3-596-29609-5

Heute kann jemand im Schatten sitzen,
weil jemand anderes vor langer Zeit
einen Baum gepflanzt hat.

Warren Buffett

Vorbemerkung

Vor mehr als einem Jahrzehnt hatte ich das Glück, Warren Buffett kennenzulernen, als er gerade zum Großaktionär von H&R Block geworden war, dem Steuerberatungsunternehmen, zu dessen Gründern mein Vater Henry Bloch 1955 gehörte.

Warren und mein Vater haben viel gemeinsam. Beide Unternehmer kamen vor dem Zweiten Weltkrieg im Mittleren Westen zur Welt und stammen aus Mittelschichtsfamilien. Sie sind extrem bodenständig, aufrichtig und verfügen über eine Menge gesunden Menschenverstand. Ohne Zweifel haben sie »weit mehr Freude an der Arbeit an sich als an den Erträgen«, wenn es um Geschäfte und Investitionen geht.

Buffetts Investmentprinzipien sind »simpel, altmodisch und auf wenige begrenzt«. Ganz ähnlich wie bei meinem Vater beruht auch Warrens Erfolg auf seiner Persönlichkeit, seinem Charakter und seiner Bereitschaft, zu lernen und zu lehren. Von seinen vielen herausragenden Qualitäten sei es vor allem seine Qualität als Lehrer, von der er wolle, dass sie den Menschen in Erinnerung bleibe, sagt Warren.

Vor kurzem habe ich Warren zu meinem Lehrer und Mentor gemacht, indem ich seine Leitsätze ein ums andere Mal gelesen habe, bis sie zu einem Teil meiner selbst wurden. Wie das »Orakel von Omaha« einmal sagte: »Es ist gut, sich mit Menschen zu umgeben, die besser sind als man selbst. Suchen Sie sich Geschäftspartner, deren Verhalten besser ist als Ihres, dann werden Sie sich in die richtige Richtung entwickeln.« Wollen wir erfolgreich sein, sollten wir uns alle darum bemühen, uns in Warrens Richtung zu entwickeln.

Es sind bereits Dutzende Bücher über die Philosophie und die Persönlichkeit Warren Buffetts veröffentlicht worden, doch dieser geniale Mann lässt sich nicht mit Worten beschreiben ... außer vielleicht mit seinen eigenen. Buffett kann Buffett am besten erklären. Da Warren bisher keine Autobiographie geschrieben hat, sind die Zitate in diesem Buch die direkteste und unmittelbarste Quelle, die wir haben.

Nachdem Warren im Lauf seines Lebens mehrere Baissen miterlebt hatte, lernte er, sich nicht ver-

unsichern zu lassen und an seinen Investmentprinzipien festzuhalten, wenn andere verkauften oder ihre Strategien in Frage stellten. Diese erprobte Disziplin ist also ein Schlüsselfaktor, um erfolgreich zu sein. Mir hat dieses Buch dabei geholfen, mehr Disziplin an den Tag zu legen.
Ich bin zuversichtlich, dass es Sie nicht nur disziplinierter, sondern auch zu einem RATIONALEREN, OPTIMISTISCHEREN und LÄNGERFRISTIG DENKENDEN Investor und Menschen machen wird. Dass Warren Buffett jedem von uns seine Genialität offenlegt, ist eine seiner größten Großzügigkeiten.

Robert L. Bloch

Anmerkung: Ich empfinde es als Ehre, dass Warren Buffett mir sein schriftliches Einverständnis gab, seine inspirierenden Leitsätze und Sprüche zitieren zu dürfen.

»Unsere Welt
ist
voller Möglichkeiten.«

Im Geschäftsleben sieht man im Rückspiegel immer klarer als durch die Windschutzscheibe.

Dem amerikanischen Handel wird es über die Jahre gut ergehen. Und das gilt ebenso für die Aktienkurse, die ja an die Geschäftsentwicklungen gekoppelt sind. Ja, es wird zwischenzeitliche Rückschläge geben, doch insgesamt haben die Investoren und Manager in diesem Spiel ausgezeichnete Karten.
(Der Dow Jones stieg im 20. Jahrhundert von 66 auf 11497 Punkte, das heißt um 17320 Prozent, trotz vier teurer Kriege, der »Großen Depression« und vielen Rezessionen. Und nicht zu vergessen die beträchtlichen Dividenden, die die Aktionäre im Lauf des Jahrhunderts erhielten.)

»Risiken entstehen,
wenn man nicht weiß,
was man tut.«

Da die Ausgangslage im Spiel so günstig ist, halten Charlie[1] und ich es für einen schlimmen Fehler, auf der Grundlage von Tarotkarten, den Vorhersagen von »Experten« oder dem Auf und Ab der Geschäfte ständig hin und her zu hüpfen. Die Risiken beim Ausstieg aus dem Spiel sind viel höher, als wenn man dabeibleibt.

1 Charlie Munger ist der stellvertretende Vorsitzende von Berkshire Hathaway.

»Es ist wichtiger, »nein«
zu einer Gelegenheit zu sagen
als »ja«.«

Betrachten Sie die Marktschwankungen eher als Freund denn als Feind, profitieren Sie vom Irrsinn, statt sich daran zu beteiligen.

Es ist gut, sich mit Menschen zu umgeben, die besser sind als man selbst. Suchen Sie sich Geschäftspartner, deren Verhalten besser ist als Ihres, dann werden Sie sich in die richtige Richtung entwickeln.

»Um möglichst schnell hundert
Meter zu schwimmen,
ist es besser, mit dem Strom
zu schwimmen, als an seiner
Technik zu arbeiten.«

Die Wall Street ist der einzige Ort, den Leute im Rolls-Royce aufsuchen, um Rat von Menschen einzuholen, die mit der U-Bahn fahren.

Ich versuche niemals, Geld an der Börse zu machen. Ich kaufe immer so, als würde sie am folgenden Tag geschlossen und erst fünf Jahre später wieder geöffnet.

»Regel Nr. 1:
Verlieren Sie niemals Geld.«

»Regel Nr. 2:
Vergessen Sie Regel Nr. 1 nicht.«

Kaufen Sie Unternehmen, die auf eine hohe Wirtschaftlichkeit zurückblicken können und über ein starkes Geschäftsmodell verfügen.

> Wenn ich eine Aktie erstehe, tue ich so, als würde ich ein ganzes Unternehmen kaufen, gleich so als würde ich den kleinen Laden in meiner Straße erstehen wollen. Wollte ich diesen Laden kaufen, würde ich alles darüber in Erfahrung bringen. Ich meine, schauen Sie, wie viel Walt Disney im ersten Halbjahr 1966 an der Börse wert war. Eine Aktie kostete 53 Dollar, was nicht gerade billig wirkte, doch bei diesem Preis hätte man das gesamte Unternehmen für 80 Millionen Dollar kaufen können, obwohl »Schneewittchen«, »Dschungel der 1000 Gefahren« und andere Filme, die schon verrechnet waren, allein schon so viel wert waren, und dann hätte man Disneyland besessen und Walt Disney, ein Genie, zum Partner gehabt.

In meiner Branche will man keinen perfekt funktionierenden Kapitalmarkt. Menschen begehen ständig Dummheiten, unabhängig von den Regulierungen, und so wird es immer bleiben.

Wir haben aus einem Land voller Wälder eins voller unermesslichem Reichtum gemacht, weil wir immer schon ein Wirtschaftssystem hatten, das das Potential der Menschen freisetzt. Wetten Sie nie dagegen, wenn es darum geht, was ein Mensch auf dem richtigen Boden erreichen kann. Und wir haben den richtigen Boden.

Die Produkte oder Dienstleistungen, die von breiten, gut zu verteidigenden Burggräben umgeben sind, bringen Investoren Gewinne ein.

Eine großartige Investitionsgelegenheit ergibt sich, wenn ein tolles Unternehmen ein besonders großes, aber lösbares Problem hat.

»Wer nackt schwimmt,
findet man erst heraus,
wenn die Ebbe einsetzt.«

Wir glauben, dass die Strategie eines konzentrierten Portfolios das Risiko mindert, wenn sie – und das sollte sie – dafür sorgt, dass der Investor sich zum einen eingehender mit einem Unternehmen beschäftigt und sich zum anderen mit dessen wirtschaftlichen Merkmalen sehr wohl fühlen muss, bevor er Anteile daran kauft.

Ich will nicht über zwei Meter hohe Hürden springen, ich halte Ausschau nach 30 Zentimeter hohen Hürden, über die ich einfach hinwegsteigen kann.

»Alles in allem sind wir besser
damit gefahren,
Drachen zu meiden,
als sie zu erschlagen.«

Sollten Sie in einem Boot sitzen, das permanent leckt, ist es möglicherweise produktiver, Ihre Energie statt auf das Stopfen der Löcher darauf zu verwenden, das Boot zu wechseln.

Menschen, die aus Gründen, die nichts mit dem Wert eines Unternehmens zu tun haben, Aktien kaufen, verkaufen sie wahrscheinlich auch aus solchen. Ihr Handeln verstärkt sprunghafte Kursschwankungen, die nichts mit den eigentlichen Geschäftsentwicklungen zu tun haben.

»Es ist viel besser, ein
großartiges Unternehmen
zu einem annehmbaren Preis
zu kaufen als ein annehmbares
Unternehmen zu einem
großartigen Preis.«

Ausreichend Insiderinformationen und eine Million Dollar sind Ihre Chance, innerhalb eines Jahres pleitezugehen.

Wer kein aktiver Investor werden will – und das sollten nur wenige probieren –, sollte sich einfach an die Indexfonds halten. Irgendwelche günstigen Indexfonds. Und er sollte über einen längeren Zeitraum kaufen. Es wird ihm nicht gelingen, sich den richtigen Preis und die richtige Zeit herauszupicken. Was es zu vermeiden gilt, sind der falsche Preis und die falsche Aktie. Sorgen Sie einfach dafür, dass Ihnen ein Teil des Handels gehört, und kaufen Sie nicht alle Aktien auf einen Schlag.

»Start-ups sind nicht unser Ding.«

(Berkshire Hathaway hält Anteile an vielen Unternehmen, die weit über ein Jahrhundert alt sind, American Express, Wells Fargo, Procter & Gamble und Coca-Cola wurden 1850, 1852, 1837 bzw. 1886 gegründet.)

Ein wirklich tolles Unternehmen muss über einen beständigen »Burggraben« verfügen, der die exzellenten Kapitalrenditen schützt. Die Wirtschaftsgeschichte ist voller »Römischer Lichter«, Unternehmen, deren Burggräben sich als trügerisch erwiesen und schnell überquert waren.

»Man muss nur sehr wenige Dinge
im Leben richtig machen,
solange man nicht
zu viele falsch macht.«

Wenn wir Anteile von herausragenden Unternehmen mit einer herausragenden Führung besitzen, halten wir sie am liebsten für immer.

Im BWL-Studium werden schwierige, komplexe Handlungsweisen besser bewertet als einfache, doch einfache sind effektiver.

Unser Interesse an Anteilen der vier Unternehmen Coca-Cola, American Express, IBM und Wells Fargo wird in Zukunft mit großer Wahrscheinlichkeit noch wachsen. Mae West hatte recht: »Zu viel des Guten kann wundervoll sein.«

Ich sage Ihnen, wie man reich wird. Machen Sie die Tür zu. Seien Sie auf der Hut, wenn andere gierig sind. Seien Sie gierig, wenn andere auf der Hut sind.

»Wenn Sie Dinge kaufen,
die Sie nicht brauchen,
müssen Sie bald Dinge
verkaufen, die Sie brauchen.«

Wie Wayne Gretzky[2] sagt:
Laufen Sie dorthin, wohin der Puck unterwegs ist, nicht dorthin, wo er ist.

Vor langer Zeit brachte Ben Graham[3] mir bei: »Der Preis ist das, was man zahlt, der Wert ist das, was man bekommt.« Egal, ob es um Socken oder Aktien (»socks or stocks«) geht, ich kaufe gerne Qualitätsware zum heruntergesetzten Preis.

2 Ehemaliger kanadischer Eishockeyspieler, der bei einem Großteil der Eishockeyfans und -experten als bester Spieler überhaupt gilt und den Spitznamen »The Great One« trägt.

3 US-amerikanischer Wirtschaftswissenschaftler und Investor (1894–1976). Ben Graham gilt als Vater der fundamentalen Wertpapieranalyse, die als Basis für das Value Investing gilt.

Bevor wir neue Investitionen in Betracht ziehen, erwägen wir erst, die alten aufzustocken. Wenn ein Unternehmen einmal attraktiv genug war, um zum Kauf einzuladen, zahlt es sich vielleicht aus, das zu wiederholen.

Wir befinden uns in einem Kreislauf der Angst, der dazu führt, dass niemand Geld ausgeben und investieren will, was wiederum zu noch mehr Angst führt. Wir werden diesen Kreislauf durchbrechen. Das braucht Zeit.

Es gibt eine Sache, die ich nicht verstehe. Um es am Beispiel einer persönlichen Vorliebe von mir zu erklären: Ich esse für mein Leben gern Hamburger. Sind Hamburger im Angebot, stimmt der Buffett-Haushalt ein »Halleluja« an. Steigt der Hamburger-Preis, weinen wir. Das gilt bei den meisten Menschen für alles, was sie kaufen – außer für Aktien. Wenn der Preis von Aktien fällt und man mehr für sein Geld bekommt, mögen die Menschen sie plötzlich nicht mehr.

»Kaufen Sie nur solche Aktien, die Sie liebend gern halten würden, auch wenn der Markt für zehn Jahre geschlossen würde.«

Auf dem Aktienmarkt wird es einem nie als Strike angerechnet, wenn man sich nicht bewegt. Man muss nicht nach jedem Wurf schlagen – man kann auf den richtigen Pitch warten. Als Vermögensverwalter hat man nur das Problem, dass die Fans ständig schreien: »Beweg dich, du Penner!«

Ich gebe keine zehn Cent auf gesamtwirtschaftliche Prognosen.

»An der Börse ist Euphorie
dein Feind,
Pessimismus dein Freund.«

Unserer Wirtschaft wird es gut ergehen. Aber nicht jedes Jahr, jede Woche und jeden Tag. Wenn Sie das nicht glauben wollen, lassen Sie die Finger vom Aktienhandel. Denn es leuchtet ein. Schließlich steigt unsere Produktivität Jahr für Jahr. Auf lange Sicht ist es ein Positivsummenspiel. Das Einzige, was Investoren umbringen kann, sind hohe Gebühren oder der Versuch, den Markt auszutricksen.

Die Fähigkeit, »nein« zu sagen,
ist für einen Investor von enormem Vorteil.

Für Investoren waren die letzten Jahre ideal:
Ihnen kommt ein Klima der Angst zugute.
Diejenigen, die nur dann investieren, wenn
die Kommentatoren optimistisch sind,
zahlen letzten Endes einen hohen Preis für
sinnlose Beruhigung.

Eine einzige Investition, die einen bestimmten Zinssatz abwirft und dadurch wächst, bringt steuerzahlenden Investoren unterm Strich eine viel, viel größere Summe ein als eine Folge von Investitionen, die genauso hohe Zinsen abwerfen.

»Der Investor von heute profitiert nicht vom Wachstum von gestern.«

Ein Denkanstoß für meine CEO-Kollegen: Natürlich ist die unmittelbare Zukunft ungewiss, Amerika sieht sich seit 1776 einer ungewissen Zukunft gegenüber. Doch manchmal achten die Menschen verstärkt auf diese Vielzahl von Ungewissheiten, die immer bestehen, während sie sie zu anderen Zeiten ignorieren (normalerweise, weil in der jüngeren Vergangenheit nicht viel passiert ist).

Wenn Sie das Süßwarenunternehmen See's Candies besitzen, in den Spiegel schauen und fragen: »Spieglein, Spieglein an der Wand, wie viel zahlen die Leute für Süßes in diesem Land?«, und er antwortet: »Mehr«, läuft das Unternehmen gut.

Zeit ist der Freund eines großartigen Unternehmens und der Feind eines mittelmäßigen.

Wenn das Geschäft gut läuft, zieht der Aktienkurs irgendwann nach.

Im Aktiengeschäft gehen wir davon aus, dass sich jede Investition rentiert, weil wir uns auf konservativ finanzierte Unternehmen mit hoher Wettbewerbsfähigkeit konzentrieren, die von fähigen und ehrlichen Menschen geführt werden. Wenn wir uns zu einem vernünftigen Preis in diese Unternehmen einkaufen, sollten Verluste nur selten vorkommen.

»Investieren Sie niemals
in ein Unternehmen,
das Sie nicht verstehen.«

Erfolg hat häufig etwas mit Untätigkeit zu tun. Die meisten Investoren können der Versuchung nicht widerstehen, ständig zu kaufen und zu verkaufen.

»Investieren Sie in ein Unternehmen, das selbst ein Dummkopf führen könnte, denn eines Tages wird genau das der Fall sein.«

Auch wenn der Weg nicht immer eben verlief, hat unser Wirtschaftssystem über die Zeit doch außerordentlich gut funktioniert. Es hat so viel menschliches Potential freigesetzt wie kein anderes System und wird das auch weiterhin tun. Die besten Tage stehen uns noch bevor.

Dort draußen gibt es Millionen von Menschen, die sich um ein besseres Leben bemühen. Und unser System ermöglicht es ihnen.

Meine Familie und ich reagieren auf das außergewöhnliche Glück, das uns zuteilwurde, nicht mit Schuldgefühlen, sondern mit Dankbarkeit. Gäben wir mehr als ein Prozent meiner Einnahmen für uns aus, würde das weder unser Glück noch unser Wohlbefinden steigern. Aber die übrigen 99 Prozent können enorme Auswirkungen auf die Gesundheit und das Wohl anderer haben. Diese Wahrheit gibt für mich und meine Familie einen klaren Kurs vor: Wir behalten so viel, wie wir benötigen, und überlassen den Rest der Gesellschaft für ihre Bedürfnisse. Mein Versprechen hat dafür Weichen gestellt.

Für mich ist sehr leicht ersichtlich, was langfristig geschehen wird. Ben Graham hat uns erklärt, warum: »Obwohl die Börse auf kurze Sicht wie eine Wahlmaschine funktioniert, verhält sie sich auf lange Sicht wie eine Waage.« Angst und Gier spielen eine wichtige Rolle bei der Entscheidung, wen man wählt, doch auf der Waage zählen sie nichts.

»Optimismus ist der Feind des rational denkenden Käufers.«

Menschen, die heute viel Zahlungsmittel in bar besitzen, wiegen sich in Sicherheit. Sollten sie aber nicht. Sie haben sich für eine furchtbar langfristige Anlageform entschieden, die praktisch nichts einbringt und mit Sicherheit an Wert verliert.

Charlie Munger lenkte meine Aufmerksamkeit auf die Vorteile von Unternehmen mit enorm wachsender Ertragskraft, allerdings nur in den Fällen, in denen man sich wirklich sicher sein konnte – nicht wie bei Texas Instruments oder Polaroid, deren Ertragskraft hypothetisch war.

Die Definition eines großartigen Unternehmens lautet: Es wird noch 25 oder 30 Jahre lang großartig bleiben.

Erfolg an der Börse hängt nicht vom IQ ab. Es reicht, durchschnittlich intelligent zu sein, solange man seine Gefühle unter Kontrolle hat; sie sind es, die Menschen an der Börse immer wieder in Schwierigkeiten bringen.

»Eine menschliche Eigenschaft
scheint zu sein,
einfache Dinge gerne
kompliziert zu machen.«

Hin und wieder gehen Finanzmärkte und Realität getrennte Wege.

Was morgen kommt, ist immer ungewiss. Lassen Sie sich davon nicht einschüchtern. Mein ganzes Leben lang haben Politiker und Experten immer über die schrecklichen Probleme geklagt, mit denen wir konfrontiert sind. Dennoch geht es uns heute sechsmal besser als zu den Zeiten meiner Geburt. Die Untergangspropheten haben den wichtigsten Faktor übersehen: Das menschliche Potential ist bei weitem noch nicht ausgeschöpft, und unser Wirtschaftssystem, das dieses Potential freisetzt – das seit mehr als zwei Jahrhunderten Wunder wirkt, trotz regelmäßiger Störungen durch Rezessionen und sogar einen Bürgerkrieg –, ist weiterhin gesund und wirksam.

»Es ist viel besser, einen kleinen Teil des Hope-Diamanten zu besitzen als hundert Prozent eines Strasssteins.«

Ich erkläre jedem Mitarbeiter unseres Unternehmens, er müsse nur zwei Dinge tun, um erfolgreich zu sein:
1) Wie ein Firmeninhaber denken und
2) schlechte Nachrichten direkt kommunizieren.
Gute Nachrichten sind kein Anlass zur Sorge.

Nehmen Sie das Jahresergebnis nicht zu wichtig. Betrachten Sie lieber den Durchschnitt von vier oder fünf Jahren.

»Wir halten Untätigkeit
für kluges Verhalten.«

Wir sind nicht von Natur aus klüger als damals, als unser Land gegründet wurde, und wir arbeiten auch nicht härter. Doch schauen Sie sich um – Sie sehen eine Welt, wie sie sich die Bürger der Kolonien nie erträumt hätten. Heute, genauso wie 1776, 1861, 1932 und 1941, stehen uns die besten Tage noch bevor.

Wir werden weiterhin alle politischen und wirtschaftlichen Prognosen ignorieren, die für viele Investoren und Geschäftsleute eine teure Ablenkung darstellen.

Man muss handeln, wenn sich Gelegenheiten ergeben. Es gab Zeiten in meinem Leben, da hatte ich viele Ideen auf einmal, aber es gab auch lange Dürreperioden. Wenn ich nächste Woche eine Idee habe, handle ich, wenn nicht, tue ich eben rein gar nichts.

»Was die Weisen
am Anfang machen,
tun Dummköpfe am Ende.«

Manche Leute setzen beim Wetten auf Schnelligkeit, manche auf Klasse. Die einen versuchen herauszufinden, wie schnell ein Pferd laufen kann. Die anderen sagen, ein 10 000 Dollar teures Pferd wird ein 6000 Dollar teures Pferd schlagen. [Ben] Graham sagt: »Kauft die Aktien, wenn sie billig genug sind, dann läuft es.« Das ist eine Wette auf die Schnelligkeit. Andere Leute sagen: »Kauft das beste Unternehmen, dann läuft es.« Das ist eine Wette auf die Klasse.

In Wahrheit begrüßt ein echter Investor Kursschwankungen ... denn ein wildes Auf und Ab heißt, dass solide Unternehmen gelegentlich zu absurd niedrigen Preisen gehandelt werden. Mir ist absolut nicht verständlich, wie man solche Preise als erhöhtes Risiko für den Investor betrachten kann, denen es völlig freisteht, den Markt zu ignorieren oder dessen Irrsinn auszunutzen.

Eine Prognose über die Entwicklung des Aktienmarktes sagt nichts darüber aus, wie sich die Aktien entwickeln, aber sehr viel über denjenigen, der die Prognose abgibt.

»Kehrtwenden
machen selten kehrt.«

Wir leben immer in einer unsicheren Welt.
Sicher ist nur unser Fortschritt.

Wir haben ein wundervolles Wirtschaftssystem, das sich auf lange Sicht selbst reinigt und immer weiterentwickelt.

In fünf, zehn Jahren wird es der Welt bessergehen.

Unser Wirtschaftssystem setzt das Potential der Menschen frei. In unserem Land leben 320 Millionen Menschen, die sich wünschen, dass es ihnen morgen bessergeht als heute. Mit der Zeit funktioniert das. Wir entwickeln uns weiter und werden auch weiter nach vorne gehen. Der glücklichste Mensch aller Zeiten ist, der Wahrscheinlichkeit nach, das Baby, das heute in unserem Land zur Welt kommt.

Eine Menge kluger Leute sind in die Verwaltung von Hedgefonds involviert. Doch zum Großteil neutralisiert sich ihre Arbeit selbst, und ihre Intelligenz wird die Kosten, die sie Investoren verursachen, nicht wettmachen. Im Durchschnitt und langfristig betrachtet, fahren Investoren mit einem preiswerten Indexfonds besser als mit einem Hedgefonds.

»Ich bin kein Geschäftsmann,
ich bin Künstler.«

Wenn also der Leitzins steigt, muss der Preis aller anderen Investitionen nach unten korrigiert werden, bis die erwartete Rendite wieder stimmt. Umgekehrt gilt, wenn der Leitzins fällt, treibt das den Preis aller anderen Investitionen in die Höhe.

»Mit zufriedenen Kunden
ist noch kein Unternehmen
gescheitert.«

Die meisten Analysten glauben, sie müssten sich zwischen zwei Ansätzen entscheiden, die oft als gegensätzlich verstanden werden: »Wert« und »Wachstum«. ... Unserer Meinung nach hängen die beiden Ansätze untrennbar zusammen: Wachstum ist immer eine Komponente bei der Berechnung des Wertes.

Unser Fokus liegt nicht auf der Zukunft einer Aktie, sondern auf der des Unternehmens.

Obduktionen von Ankäufen, bei denen die Realität ehrlich mit den ursprünglichen Preisprognosen verglichen wird, sind in amerikanischen Vorstandssälen eine Seltenheit. Sie sollten zur gängigen Praxis gehören.

Wir bleiben deshalb am Ball, weil wir glauben, dass die Börse als Umverteilungszentrum dient, wo Geld vom Aktiven auf den Geduldigen übergeht.

Wir sind seit langem der Meinung, der einzige Nutzen von Börsenprognostikern ist, dass sie Wahrsager gut dastehen lassen. Charlie Munger und ich glauben bis heute, dass kurzfristige Marktprognosen Gift sind und an einem sicheren Ort verwahrt werden sollten, außerhalb der Reichweite von Kindern und auch von Erwachsenen, die sich an der Börse wie Kinder aufführen.

Die Börse ist ein Auktionsmarkt,
dort können verrückte Dinge geschehen.

»Wenn Leute Angst bekommen,
tun sie das massenweise.
Das Vertrauen kommt nur
Stück für Stück zurück.
Wenn sie gierig werden,
geschieht das ebenfalls
massenweise.«

Es wird weitere Blasen geben, doch meistens nicht in der gleichen Form wie zuvor.

Ich habe Menschen wegen Alkohol und Fremdkapital scheitern sehen – Fremdkapital bedeutet geliehenes Geld. Fremdkapital ist wirklich nur selten vonnöten. Wer klug ist, kann viel Geld verdienen, ohne sich welches zu leihen.

»Mit einem schlechten Menschen kann man kein gutes Geschäft machen.«

Bei jedem Unternehmen gibt es verschiedene Faktoren, die nächste Woche, nächsten Monat, nächstes Jahr usw. relevant werden. Doch wichtig ist vor allem, das richtige Unternehmen zu besitzen. Der klassische Fall ist Coca-Cola, das 1919 an die Börse ging. Anfangs wurden die Aktien für 40 Dollar pro Stück gehandelt. Im folgenden Jahr fiel der Preis auf 19 Dollar. Die Zuckerpreise hatten sich nach dem Ersten Weltkrieg dramatisch verändert. Wenn man die Aktie direkt nach dem Börsengang gekauft hätte, hätte man ein Jahr später also die Hälfte seines Geldes verloren, doch wenn man sie immer noch besäße – und alle Dividenden reinvestiert hätte –, wäre sie heute etwa 1,8 Millionen Dollar wert. Es gab Konjunkturkrisen. Es gab Kriege. Der Zuckerpreis ging hoch und runter. Eine Million Dinge sind passiert. Wie viel fruchtbarer ist es für uns, darüber nachzudenken, ob das Produkt in der Lage ist, trotz aller Entwicklungen fortzubestehen, als sich ständig die Frage zu stellen, ob man eine Aktie gerade kaufen oder verkaufen sollte?

Wer zu dem einen Prozent der Menschheit gehört, das am meisten Glück hat, ist es dem Rest der Welt schuldig, an die übrigen 99 Prozent zu denken.

Es gibt Teile des Spiels, die wir nicht verstehen, also spielen wir dort nicht mit.

[Über Wirtschaftsprognosen:]
Warum Zeit mit Gesprächen über etwas verschwenden, worüber man nichts weiß?
Die Leute tun es ständig, aber warum?

Am besten ist es für uns, wenn ein tolles Unternehmen vorübergehend in Schwierigkeiten gerät ... Wir schlagen zu, wenn es auf dem OP-Tisch liegt.

Mit Vorliebe investiere ich in produktive Kapitalanlagen, seien es Unternehmen, Landwirtschaftsbetriebe oder Immobilien. Idealerweise sollten die Anlagegegenstände in inflationären Zeiten in der Lage sein, so hohe Erträge zu liefern, dass sie ihren Kaufkraftwert bewahren und gleichzeitig möglichst wenig frisches Kapital investiert werden muss. Landwirtschaftsbetriebe, Immobilien und Konzerne wie Coca-Cola, IBM und See's Candies erfüllen beide Teile dieser Anforderung.

Die meisten Berater sind deutlich besser darin, hohe Gebühren zu erzielen als hohe Renditen.

Ich glaube, der wichtigste Faktor für ein Ende der Rezession ist schlichtweg die Regenerationsfähigkeit des amerikanischen Kapitalismus.

»Wenn die richtigen
Charaktereigenschaften auf die passenden intellektuellen Fähigkeiten treffen, kommt vernünftiges Handeln bei raus.«

Um erfolgreich zu investieren, ist kein Wissen über Beta-Koeffizienten, leistungsfähige Märkte, Portfoliotheorie, Optionskurse oder aufstrebende Märkte nötig. Vielleicht ist es sogar besser, keine Ahnung davon zu haben. Dies sehen die meisten Wirtschaftsunis natürlich anders, deren Lehrpläne oft von diesen Themen dominiert werden. Unserer Meinung nach reichen zwei gut aufbereitete Kurse: »Wie man den Wert eines Unternehmens einschätzt« und »Wie man Marktpreise analysiert«.

»Prinzipien,
die veralten können,
sind keine Prinzipien.«

Für langfristig orientierte Anleger sind Aktien in den meisten Fällen die beste Option. Die schlechteste Wahl sind Anleihen. Sie bringen nur sehr, sehr wenig Geld ein und sind in einer Währung ausgestellt, die an Wert verliert.

Unternehmen zu besitzen ist viel interessanter, als Gold oder Ackerland zu besitzen. Außerdem sind Aktien in einer Zeit der Inflation wohl immer noch die beste aller schlechten Optionen – zumindest wenn man sie zu angemessenen Preisen kauft.

»Dass Menschen gierig, ängstlich
oder verrückt handeln werden,
ist vorhersehbar;
die Reihenfolge nicht.«

Wenn Sie das Gefühl haben, sie können Wertpapiere so schnell kaufen und verkaufen, dass Sie die Inflationssteuer schlagen, wäre ich gern Ihr Broker – aber nicht Ihr Geschäftspartner.

Wir haben weit mehr Freude an der Arbeit an sich als an den Erträgen.

Charlie Munger und ich haben nie eine Meinung zum Markt, denn das würde nichts nützen und könnte mit unseren generellen Ansichten kollidieren, die wir für gut halten.

Die Börse dient nur der Orientierung, ob jemand gerade dabei ist, etwas Dummes zu tun.
Wenn wir in Aktien investieren, investieren wir in Unternehmen.

Aus irgendwelchen Gründen richten sich die Leute eher nach dem Kursverhalten als nach dem Wert. Dinge zu tun, obwohl man sie nicht versteht oder weil jemand anderes damit letzte Woche Erfolg hatte, funktioniert nicht. Der dümmste aller Gründe, eine Aktie zu kaufen, ist, dass ihr Kurs steigt.

Wenn die Vorgeschichte alles wäre,
worauf es ankommt, wären
Bibliothekare die reichsten Menschen.

Börsenspezialisten lassen Ihre Ohren
anschwellen, aber nicht Ihre Portemonnaies.

Ich steige nur ein, wenn ich den Wert kenne. Es gibt Tausende Unternehmen, deren Wert ich nicht kenne. Doch bei denen, die ich kenne, weiß ich Bescheid. Und nur durch Zufall landet man keinen Volltreffer. Wenn jemand zur Tür reinkommt und 150 bis 175 Kilo schwer ist, brauche ich nicht zu sagen, dass er 164 Kilo wiegt, um deutlich zu machen, dass er dick ist.

John Maynard Keynes hat im Grunde gesagt: Versuche nicht, herauszufinden, wie sich der Markt verhält. Finde ein Unternehmen, das du verstehst, und konzentriere dich darauf.

Insgesamt betrachtet profitieren Berkshire Hathaway und dessen langfristige Anteilseigner von fallenden Börsenkursen, so wie der normale Einkäufer von sinkenden Lebensmittelpreisen profitiert. Daher sind Einbrüche des Aktienmarktes – wie sie von Zeit zu Zeit vorkommen – kein Grund zur Panik oder Traurigkeit. Für Berkshire sind sie gute Nachrichten.

»Ich mag ein leichtes Spiel.
Ich schieße gern auf den sprichwörtlichen Fisch in der Tonne. Aber wenn das Wasser abgelaufen ist.«

Da ich momentan weder Aktien noch Anleihen mag, bin ich genau der entgegengesetzten Meinung von Mae West, die einmal erklärte: »Ich mag nur zwei Arten von Männern: einheimische und fremde.«

Den Wert eines Unternehmens einzuschätzen, ist teils Kunst, teils Wissenschaft.

»Das Ausstellen eines Schecks unterscheidet Verbindlichkeit von einem Gespräch.«

Berkshire kauft, wenn die Lemminge in die andere Richtung rennen.

Wenn Charlie Munger und ich Aktien kaufen – in unseren Augen kleine Teile eines Unternehmens –, sieht unsere Analyse ganz ähnlich aus, wie wenn wir ganze Firmen übernehmen. Wir müssen entscheiden, ob wir die Ertragsspanne für die nächsten fünf Jahre oder mehr realistisch einschätzen können. Lautet die Antwort »ja«, kaufen wir die Aktie (oder die Firma), wenn das Verhältnis zwischen dem Preis und der Untergrenze unserer Schätzung angemessen ist. Wenn wir die zukünftigen Erträge nicht einschätzen können – was normalerweise der Fall ist –, gehen wir einfach zu anderen Kandidaten über.

»Mit Menschen, die man mag,
das zu tun, was man mag,
ist das Beste,
was einem passieren kann.«

Bei einem Aktienboom sollte man es vermeiden, den Fehler der stolzen Ente zu machen, die sich nach einem sintflutartigen Regenguss lautstark damit brüstet, es dank ihrer Paddelfähigkeiten weit nach oben geschafft zu haben. Eine kluge Ente vergleicht nach dem Regen ihre Position mit der der anderen Enten im Teich.

Die besten Erträge erzielen für gewöhnlich Unternehmen, die heute etwas ganz Ähnliches machen wie vor fünf oder zehn Jahren.

In den meisten Leuten erwacht das Interesse an Aktien, wenn sich auch alle anderen dafür interessieren. Doch der richtige Zeitpunkt ist der, wenn niemand Interesse daran hat. Man kann nicht das kaufen, was alle wollen, und damit Erfolg haben.

Sie müssen kein Genie sein. Investieren gehört nicht zu den Dingen, bei denen derjenige mit einem IQ von 160 den mit dem IQ von 130 schlägt. Entscheidend ist, vernünftig zu handeln.

Wir mögen Aktien mit einer hohen Kapitalrendite, bei denen es sehr wahrscheinlich ist, dass das in Zukunft auch so bleiben wird. Als wir beispielsweise das letzte Mal Aktien von Coca-Cola kauften, lag der Preis in etwa beim 23-Fachen des Gewinns. Legt man diesen Einkaufspreis und den heutigen Gewinn zugrunde, kommt man auf ungefähr das Fünffache des Gewinns. Es geht um das Zusammenspiel des eingesetzten Kapitals, der Rendite dieses Kapitals und des Kapitals, das in der Zukunft generiert wird, im Vergleich zum Kaufpreis von heute.

Solange wir eine Eigenkapitalrendite von 15 Prozent pro Jahr haben, mache ich mir über die Quartalsergebnisse keine Sorgen.

Der Hang zum Glücksspiel nimmt immer zu, wenn eine hohe Summe lockt und der Einsatz gering ist, egal, wie niedrig die Gewinnchancen in Wahrheit sind. Das ist der Grund, warum die Casinos in Las Vegas mit großen Jackpots werben und die staatlichen Lotterien überall hohe Gewinne anpreisen

Einmalige Investitionsgelegenheiten ergeben sich, wenn gute Unternehmen sich in ungewöhnlichen Umständen befinden, die dafür sorgen, dass die Aktien unter Wert verkauft werden.

Kreisen Sie die Unternehmen ein, deren Geschäfte Sie verstehen, und schließen Sie die aus, die in Bezug auf den Wert, die Unternehmensführung und den Umgang mit Schwierigkeiten nicht Ihren Anforderungen entsprechen.

Den Einstieg in die Mobilfunkbranche habe ich verpasst, da sich die Mobiltelefonie außerhalb meines Kompetenzbereichs befindet.

Ich kann nicht in fünfzig bis fünfundsiebzig Dinge involviert sein. Das ist die Arche-Noah-Version des Investierens – am Ende steht man mit einem ganzen Zoo da. Ich stecke gern bedeutende Summen Geld in einige wenige Dinge.

Ich lese die Jahresberichte des Unternehmens, für das ich mich interessiere, und die Jahresberichte seiner Konkurrenz – das sind die Hauptmaterialquellen.

[Über die Eigenschaften seiner Lieblingsunternehmen:] Wundervolle Schlösser, umgeben von tiefen, gefährlichen Burggräben, unter der Führung einer ehrlichen und anständigen Person. Am besten ist es, wenn die Stärke des Schlosses vom Genie in seinem Inneren ausgeht, der Burggraben robust ist und als mächtige Abschreckung auf diejenigen wirkt, die einen Angriff in Betracht ziehen, und der Anführer drinnen Gold zusammenträgt, aber nicht alles für sich behält. Grob übersetzt heißt das, wir mögen große Unternehmen in dominanten Positionen, deren Geschäftsmodell schwer zu kopieren ist und die über einen enorm langen Atem oder eine gewisse Beständigkeit verfügen.

»Probleme im Unternehmen sind
wie Kakerlaken in der Küche.
Man findet niemals
nur eine.«

Wenn Anleger versuchen, den Kauf zeitlich abzustimmen, ist das sehr gut für ihre Broker, aber nicht für sie selbst.

Zinssätze wirken auf finanzielle Bewertungen wie die Schwerkraft auf Materie. Je höher der Zinssatz, desto stärker zieht es sie hinab. Das liegt daran, dass die Rendite, die Investoren bei jeder Art Investition benötigen, direkt an den risikofreien Zinssatz gebunden ist, den sie bei Staatspapieren erhalten.

Alles, worauf es beim Investieren ankommt, ist, zu einem guten Zeitpunkt gute Aktien zu kaufen und sie so lange zu halten, wie sie einem gute Gesellschaft sind.

In Reden vor BWL-Studenten sage ich immer, es wäre besser für sie, wenn sie nach ihrem Abschluss eine Karte mit zwanzig Stanzfeldern darauf erhielten. Und jedes Mal, wenn sie eine Investitionsentscheidung treffen, kostet das ein Feld. Niemand wird alle zwanzig Felder aufbrauchen, wenn er sie nur für die großartigen Ideen aufspart.

Im Verlauf des 20. Jahrhunderts stieg der Dow Jones von 66 auf 11497 Punkte ... Damit Investoren [heute] mit diesem Kurszuwachs von 5,3 % auch nur gleichziehen können, wäre es nötig, dass der Dow – der in letzter Zeit unter 13 000 Punkten liegt – am 31. Dezember 2099 bei etwa 2 000 000 Punkten schließt ... Wenn Ihr Berater Ihnen etwas über die zweistelligen Renditen von Aktien erzählt, rechnen Sie ihm das vor – nicht dass ihn das entmutigen würde. Viele dieser Leute sind anscheinend direkte Nachfahren der Königin aus *Alice hinter den Spiegeln*, die sagte: »Zuzeiten habe ich vor dem Frühstück bereits bis zu sechs unmögliche Dinge geglaubt.«

»Ich hätte lieber ein
10-Millionen-Unternehmen,
das 15 Prozent einbringt, als ein
100-Millionen-Unternehmen,
bei dem es 5 Prozent sind.«

Wer im Laufe seines Lebens auf eine gute Geschäftsidee stößt, kann sich glücklich schätzen, und Coca-Cola ist im Grunde der beste Großkonzern der Welt. Er hat die stärkste Marke der Welt. Seine Aktien sind äußerst günstig. Er wird auf der ganzen Welt gemocht – der Pro-Kopf-Konsum steigt fast jährlich in fast jedem Land. Es gibt kein anderes Produkt wie dieses.

Ich stelle mir immer vor, ich sei der Besitzer des ganzen Unternehmens. Und wenn die Geschäftsführung den gleichen Grundsätzen folgt, wie ich es tun würde, wäre ich der Besitzer, gefällt sie mir.

Ich bin äußerst optimistisch, was dieses Land angeht. Wir werden keine erneute Rezession erleben. Ich sehe, wie unsere Unternehmen in fast allen Bereichen wieder erstarken.

Mieten Sie keine Aktien,
kaufen Sie ein Unternehmen.

Wenn wir auf ein Unternehmen stoßen, das uns gefällt, hat die aktuelle Börsensituation keinen Einfluss auf unsere Entscheidung. Wir entscheiden für jedes Unternehmen einzeln. Wir verschwenden grundsätzlich keine Zeit darauf, makroökonomische Faktoren zu erwägen. Anders ausgedrückt, wenn uns jemand eine Prognose des angesehensten Experten auf dem Fachgebiet aushändigte, mit Zahlen zur Arbeitslosenquote, den Zinssätzen oder was auch immer für die folgenden zwei Jahre, würden wir ihr keine Beachtung schenken. Wir versuchen einfach, uns auf die Unternehmen zu konzentrieren, die wir zu verstehen glauben und bei denen uns der Preis und die Geschäftsführung gefallen. Wenn uns etwas vor Augen kommt, das sich auf zukünftige Entwicklungen im Kongress bezieht, lesen wir es erst gar nicht. Wir halten es einfach nicht für sinnvoll, zu diesen Dingen eine Meinung zu haben.

»Wer einen Harem mit vierzig Frauen hat, wird keine davon wirklich kennenlernen.«

Die besten CEOs kümmern sich am liebsten um ihre Unternehmen, anstatt an Business-Lunchs teilzunehmen oder sich auf Golfplätzen zu treffen.

Ich mag Unternehmen, die selbst ohne aktive Geschäftsführung viel Geld einbringen. Das sind Unternehmen nach meinem Geschmack.

Wenn Mittelmaß herrscht und eine Riege von Freunden im Vorstand sitzt, ist das sicher nicht der beste Weg, einer Fußballmannschaft in die erste Liga zu verhelfen. Wenn der Trainer einer Fußballmannschaft elf lausige Spieler auf den Platz stellt, ist er seinen Job los. Der Vorstand verliert seinen Job nie, weil er einen mittelmäßigen CEO hat. Daher gibt es hier keinen Selbstreinigungsprozess wie bei allen anderen Berufen.

Diversifikation schützt einen, wenn man nicht weiß, was man tut. Für diejenigen, die wissen, was sie tun, ergibt sie wenig Sinn.

Viele große Vermögen auf der Welt sind durch den Besitz eines einzigen tollen Unternehmens entstanden. Wer von einem Unternehmen genügend versteht, braucht nicht viele davon.

Ich meine es durchaus ernst, wenn ich sage, dass ich glaube, es gibt auf der gesamten restlichen Welt nicht so viele extreme Langweiler wie in den USA. Niemand kann sich eine Vorstellung von der wahren Bedeutung des Wortes machen, ohne hier gewesen zu sein.

Aktien sind simpel. Man kauft einfach Anteile an einem großartigen Unternehmen mit einer höchst integren und fähigen Geschäftsführung zu einem Preis, der unter dem inneren Wert des Unternehmens liegt. Dann behält man die Anteile für immer.

Den Großteil unserer umfangreichen Aktienbestände werden wir viele Jahre lang halten, und entscheidend für unsere Bewertung der Investitionsentscheidung werden die Geschäftsergebnisse in diesem Zeitraum sein, nicht der Kurs an irgendeinem bestimmten Tag. Genauso wie es Unsinn wäre, sich bei der Übernahme eines Unternehmens zu sehr an den kurzfristigen Gewinnaussichten zu orientieren, halten wir es für ähnlich unvernünftig, sich beim Kauf von kleinen Anteilen an einem Unternehmen, das heißt börsenfähigen Stammaktien, von den kurzfristig in Aussicht stehenden Erträgen verführen zu lassen.

»Lassen Sie sich etwas,
das heute attraktiv ist,
nicht durch die Lappen gehen,
nur weil Sie glauben,
morgen etwas noch
Attraktiveres zu finden.«

Investoren, die zu Zeiten eines überhitzten Marktes kaufen, müssen sich darüber klar sein, dass es oftmals lange dauert, bis selbst der Wert eines herausragenden Unternehmens den Preis, den sie gezahlt haben, eingeholt hat.

> Ich werde in Zukunft mehr Fehler [beim Kaufen] machen, dessen können Sie sich sicher sein. Eine Zeile aus einem Country-Song von Bobby Bare erklärt, was zu oft beim Kauf geschieht: »Ich bin noch nie mit einer hässlichen Frau ins Bett gegangen, aber schon mehrmals neben einer aufgewacht.«

Obwohl Randunternehmen, die zu niedrigen Preisen gekauft werden, für kurzfristige Investitionen attraktiv sein können, sind sie keine geeignete Grundlage für langfristige und dauerhafte Vorhaben. Schließlich gelten bei der Auswahl eines Ehepartners auch andere Kriterien als bei temporären Beziehungen.

Der gängigste Grund für niedrige Kurse ist Pessimismus.

Etwas Geld zu verlieren ist ein unvermeidlicher Teil des Investierens und lässt sich durch nichts verhindern.

Während der außergewöhnlichen Finanzpanik, die Ende 2008 ausbrach, dachte ich niemals daran, meine Farm oder Immobilien in New York zu verkaufen, obwohl uns eindeutig eine schwerwiegende Rezession drohte. Und wenn ich hundert Prozent eines soliden Unternehmens mit guten langfristigen Aussichten besessen hätte, wäre es dumm von mir gewesen, über eine Veräußerung auch nur nachzudenken. Warum also hätte ich meine Aktien verkaufen sollen, die kleine Anteile an tollen Unternehmen sind? Klar, einzelne von ihnen hätten sich als Enttäuschung herausstellen können, aber als Gruppe betrachtet war ihr Erfolg gesichert. War irgendjemand tatsächlich der Überzeugung, die Erde würde die wunderbaren einträglichen Anlagegegenstände und den unbegrenzten Einfallsreichtum der Menschen in den USA einfach verschlucken?

»Riskieren Sie das,
was Sie haben und brauchen,
niemals für etwas,
das Sie nicht haben und
nicht brauchen.«

Die Grenze zwischen Investieren und Spekulieren, die niemals klar und deutlich verläuft, verschwimmt noch mehr, wenn viele Marktteilnehmer in jüngster Zeit Triumphe gefeiert haben. Nichts betäubt das rationale Denken so sehr wie große Mengen mühelos verdientes Geld. Nach einem solchen berauschenden Ereignis benehmen sich vernünftige Menschen normalerweise wie Cinderella beim Ball. Sie wissen, dass sie, wenn sie zu lange auf dem Fest bleiben – das heißt weiterhin auf Unternehmen setzen, deren Bewertung im Vergleich zu den Erträgen, die sie in Zukunft generieren werden, enorm hoch ist –, irgendwann mit Kürbissen und Mäusen dastehen werden. Dennoch können sie es nicht ertragen, auch nur eine Minute der Riesensause zu verpassen. Also planen alle fröhlich kichernden Beteiligten, erst kurz vor Mitternacht zu gehen. Doch es gibt ein Problem: Sie tanzen in einem Saal, in dem die Uhren keine Zeiger haben.

Unser Ansatz baut eher auf das Ausbleiben von Veränderungen als auf Veränderungen. Bei Wrigley's Kaugummis ist es gerade das Ausbleiben von Veränderungen, das mich reizt. Ich glaube nicht, dass das Internet der Firma zusetzen wird. Das ist ein Unternehmen, wie ich es mag.

Wir strecken uns nie nach Erträgen.

Wer nicht dabei zusehen kann, wie seine Aktienbestände fünfzig Prozent ihres Werts verlieren, ohne in Panik zu geraten, sollte nicht an der Börse investieren.

Hören Sie auf, die Entwicklung der Börsenkurse, der Wirtschaft, der Zinssätze oder den Ausgang der Wahlen voraussagen zu wollen.

»Man hat niemals recht oder unrecht, weil die Mehrheit anderer Ansicht ist.
Man hat recht, weil die Daten und die Argumentation stimmig sind.«

Die größten Investitionserfolge verzeichnen diejenigen, die durch Glück oder Verstand auf ein Unternehmen stoßen, dessen Umsatz und Gewinn über die Jahre deutlich stärker steigen als die der Branche insgesamt.

Ich habe geschworen – Ihnen, den Ratingagenturen und mir selbst –, Berkshire immer mit mehr als genügend Geld zu betreiben. Wir wollen nie auf das Entgegenkommen anderer angewiesen sein, um den Verpflichtungen von morgen nachzukommen. Müsste ich mich entscheiden, würde ich niemals den ruhigen Schlaf auch nur einer Nacht gegen die Chance auf zusätzliche Gewinne eintauschen.

»Vergessen Sie nicht,
dass die Börse
manisch-depressiv ist.«

In seinem Buch »The Science of Hitting« spricht Ted Williams[4] darüber, auf den richtigen Pitch zu warten. Und genauso ist es beim Investieren. Wenn man als Schlagmann schon zwei Strikes hat, muss man beim nächsten Wurf reagieren. Als Investor wartet man einfach ab.

> Wenn Sie nicht damit zufrieden sind, zum oberen Zehntel des einen Prozents der reichsten Menschen der Welt zu gehören, wird sich für Sie auch nichts ändern, wenn Sie das oberste Hundertstel des einen Prozents erreichen.

4 Ted Williams (1918–2002) war ein amerikanischer Baseballspieler und -manager. Er spielte für die Boston Red Sox. Seine Leistungen als Schlagmann waren überragend. Als Manager war er für die Texas Rangers (gegründet als Washington Senators) tätig.

»Ich glaube fest daran,
dass sich Dinge durch andere
Menschen erledigen lassen.«

Risiko gehört zu Gottes Spiel, das gilt für alle Menschen und Nationen.

Ich habe keine Meinung dazu, wo Gold stehen wird, doch eines kann ich Ihnen versichern: Es wird von heute bis dahin nichts tun, außer Sie anzuschauen. Während Coca-Cola, wie Sie wissen, Geld verdienen wird, und ich glaube, dass auch Wells Fargo viel Geld verdienen wird, und es wird viel – und es ist viel – es ist viel besser, eine Gans zu besitzen, die stetig Eier legt, als eine Gans, die nur dasitzt und Versicherungs- und Lagerkosten und andere solche Dinge frisst.

»Wenn Sie Poker spielen und
nach zwanzig Minuten noch
nicht wissen, wer der
Einfaltspinsel ist, sind Sie es.«

Die Welt wird so lange nach billigen Produktionsmöglichkeiten trachten, wie die Qualität stimmt.

Institutionelle Anleger, die extrem aktiv an der Börse handeln, »Investoren« zu nennen, ist unserer Meinung nach das Gleiche, wie jemanden, der regelmäßig One-Night-Stands hat, als »Romantiker« zu bezeichnen.

»Es dauert zwanzig Jahre, sich
eine Reputation aufzubauen,
und fünf Minuten,
sie zu ruinieren.
Wenn Sie daran denken,
werden Sie Dinge
anders tun.«

Kann man einem Fisch wirklich erklären, wie es sich anfühlt, auf Land zu laufen? Ein Tag an Land ist mehr wert, als tausend Jahre darüber zu reden, einen Tag ein Unternehmen zu führen ebenso.

Derivate sind finanzielle Massenvernichtungswaffen.

Bargeld macht uns nie glücklich. Es ist besser, wenn das Geld uns bei Berkshire ein Loch in die Tasche brennt, als wenn es sich in der von jemand anders bequem einrichtet.

Wir 400 zahlen einen geringeren Anteil an Einkommensteuern als unsere Empfangsdamen oder selbst unsere Putzfrauen. Wer zu dem einen Prozent der Menschheit gehört, das am meisten Glück hat, ist es dem Rest der Welt schuldig, an die übrigen 99 Prozent zu denken.

Nehmen Sie mich als Beispiel. Ich habe zufällig ein Talent, mit Kapital umzugehen. Doch ob ich dieses Talent nutzen kann, hängt voll und ganz von der Gesellschaft ab, in die ich hineingeboren wurde. In einem Stamm von Jägern wäre mein Talent ziemlich nutzlos gewesen. Ich kann nicht sehr schnell laufen. Ich bin nicht besonders stark. Wahrscheinlich hätte ich als Abendessen irgendeines Raubtieres geendet.

»Sehr reiche Leute sollten
ihren Kindern so viel Geld
hinterlassen, dass sie alles tun,
aber nie so viel, dass sie
einfach nichts tun können.«

Wenn Sie in einen sehr günstigen Indexfonds investieren – bei dem Sie nicht das ganze Geld auf einmal anlegen, sondern über einen Zeitraum von zehn Jahren verteilt –, erzielen Sie ein besseres Ergebnis als neunzig Prozent der Leute, die zur gleichen Zeit investieren.

Die unkonventionelle, aber unausweichliche Schlussfolgerung aus den letzten fünfzig Jahren lautet, dass es weitaus sicherer war, in eine breitgestreute Riege von Unternehmen zu investieren als in Wertpapiere, deren Wert an die Währung gekoppelt ist.

»Wir werden nicht für dafür
bezahlt, aktiv zu sein,
sondern nur dafür,
richtigzuliegen.
Wie lange wir warten
werden?
Bis in alle Ewigkeit.«

Lächeln Sie, wenn Sie folgende Schlagzeile lesen: »Kursverfall sorgt bei Investoren für Verluste«. Machen Sie daraus in Gedanken: »Kursverfall sorgt bei Desinvestoren für Verluste, bei Investoren jedoch für Gewinne.« Obwohl die Journalisten diesen Gemeinplatz oft vergessen, gibt es für jeden Verkäufer auch einen Käufer, und was dem einen schadet, nützt zwangsläufig dem anderen.

Schuldgefühle wegen Geld sind kein Problem für mich. In meinen Augen stellt mein Geld eine riesige Anzahl von Zetteln dar, die ich in unserer Gesellschaft gegen Leistungen eintauschen kann. Es ist, als hätte ich diese kleinen Papierstückchen, um sie bei Bedarf einzulösen. Wenn ich wollte, könnte ich 10 000 Leute einstellen, die den ganzen Tag lang bis an mein Lebensende nur Bilder von mir malen. Und das BNE würde steigen. Doch dieses Produkt hätte keinerlei Nutzen, und ich würde die 10 000 Leute davon abhalten, Aids zu erforschen, zu unterrichten oder Kranke zu pflegen. Also mache ich das nicht. Ich benutze nicht viele dieser Zettel. Es gibt nichts Materielles, das ich sehr gern hätte. Und ich werde praktisch alle dieser Zettel spenden, wenn meine Frau und ich sterben.

Über die Jahre haben Charlie Munger und ich viele Betrügereien in der Buchhaltung von enormem Ausmaß beobachtet. Wenige der Täter wurden bestraft, viele nicht einmal getadelt. Es ist viel sicherer, große Summen mit einem Stift zu klauen als kleine Beträge mit einer Waffe.

Unsere zukünftigen Gewinnraten werden deutlich niedriger liegen als in der Vergangenheit. Die Kapitalbasis von Berkshire ist mittlerweile einfach zu groß, um enorme Renditen zu ermöglichen. Wer etwas anderes glaubt, sollte sich einen Job im Vertrieb suchen, aber keinen, in dem es um Mathematik geht (schließlich gibt es im Grunde nur drei Typen Menschen auf der Welt: die, die zählen können, und die, die das nicht können).

»Große Gelegenheiten ergeben
sich nicht oft.
Wenn es Gold regnet,
sollte man nach einem Eimer
greifen, nicht nach einem
Fingerhut.«

Ich wusste immer, dass ich reich sein würde. Ich glaube nicht, dass ich auch nur eine Minute lang daran gezweifelt habe.

Der innere Wert eines Unternehmens lässt sich klar definieren: Es ist der Barwert des Geldes, das dem Unternehmen während der verbleibenden Lebensspanne entnommen werden kann. Die Berechnung des inneren Wertes hingegen ist nicht so einfach. Wie aus der Definition hervorgeht, ist der innere Wert eher eine geschätzte Zahl als ein präziser Betrag, die zudem angepasst werden muss, wenn sich die Zinssätze ändern oder die Cashflow-Prognosen korrigiert werden.

»Ehrlichkeit ist eine äußerst teure Gabe. Erwarten Sie sie nicht von geizigen Menschen.«

Wir lassen lieber interessante Gelegenheiten ziehen, als unsere Bilanz mit zu viel Fremdkapital zu belasten.

Auf jede Blase wartet eine Nadel. Und wenn die beiden schließlich zusammenkommen, lernt eine neue Riege Investoren ein paar sehr alte Lektionen.

Eine hyperaktive Börse ist der Taschendieb der Unternehmen.

»Wenn man sich
in einer Grube befindet,
ist das Wichtigste, mit
dem Graben aufzuhören.«

Das alles heißt jedoch nicht, dass ein Unternehmen oder eine Aktie ein guter Kauf ist, nur weil es oder sie unbeliebt ist, der nonkonformistische Ansatz ist genauso töricht, wie der Masse hinterherzulaufen. Man muss nachdenken, statt auf die anderen zu schauen. Leider trifft Bertrand Russells Beobachtung über das Leben im Allgemeinen in der Finanzwelt verstärkt zu: »Die meisten Menschen würden lieber sterben, als zu denken. Viele tun es auch.«

Wenn Sie sich gern sechs bis acht Stunden pro Woche mit Investitionen beschäftigen, tun Sie es. Wenn nicht, investieren Sie in regelmäßigen Abständen eine feststehende Summe in Indexfonds. So erreichen Sie eine Streuung in Bezug auf die Anlagen und den Zeitraum, was beides sehr wichtig ist.

Warum sollte ich Immobilien kaufen, wenn das Handeln an der Börse so einfach ist?

Eines will ich Ihnen sagen: Die schlimmste Anlageform ist Bargeld. Alle sprechen davon, dass Bargeld das Größte sei und so etwas. Doch Bargeld wird mit der Zeit wertlos, während gute Unternehmen mit der Zeit an Wert gewinnen.

Charlie Munger und ich haben es immer für eine quasi sichere Sache gehalten, auf den stetig wachsenden Wohlstand der USA zu setzen. Denn wer hat in den letzten 237 Jahren schon davon profitiert, gegen Amerika zu wetten? Wenn man die heutige Situation unseres Landes mit der im Jahr 1776 vergleicht, reibt man sich erstaunt die Augen. Und die Dynamik, die in unserer Marktwirtschaft wurzelt, wird weiterhin Wunder wirken. Die besten Tage Amerikas stehen uns noch bevor.

»Der schlimmste Fehler, den man meiner Meinung nach an der Börse machen kann, ist, auf der Grundlage der aktuellen Wirtschaftsnachrichten zu kaufen oder zu verkaufen.«

[Über seine Farm und den Besitz von Gewerbeimmobilien in New York:] Bei meinen zwei kleinen Kapitalanlagen dachte ich nur daran, was die Immobilien abwerfen würden, die tägliche Bewertung war mir egal. Es gewinnen immer die Spieler, die aufs Spielfeld gucken – nicht die, deren Blick ständig auf den Punktestand gerichtet ist. Wenn Sie die Samstage und Sonntage genießen können, ohne auf Börsenkurse zu schauen, versuchen Sie es auch einmal an Wochentagen.

»Die Börse hilft
– wie Gott – denen,
die sich selbst helfen.«

Sich eine Meinung über die gesamtwirtschaftliche Situation zu bilden oder auf Gesamtwirtschafts- oder Marktprognosen anderer zu hören ist Zeitverschwendung. Es ist sogar gefährlich, weil es Ihnen den Blick auf die wirklich wichtigen Fakten verstellen kann. (Wenn ich die wortgewandten Ausführungen der Fernsehkommentatoren über die zukünftigen Entwicklungen der Börse höre, erinnert mich das an Mickey Mantles[5] schneidende Bemerkung: »Sie wissen gar nicht, wie einfach dieses Spiel ist, bis Sie in der Kommentatorenkabine sitzen.«)

5 Mickey Mantle (1931–1995) war ein amerikanischer Baseballspieler. Er spielte achtzehn Jahre für die New York Yankees und galt in den 1950er und 1960er Jahren als einer der beliebtesten Spieler. 1956 gewann er die Triple Crown. In seiner Karriere gelangen ihm 536 Home Runs und die meisten Home Runs in einer World Series.

Wenn »Investoren« einander frenetisch Farmland verkaufen und abkaufen würden, stiegen weder die Erträge noch der Preis der Ernte. Die einzige Folge eines solchen Verhaltens wäre ein Rückgang der allgemeinen Einnahmen der Farmland besitzenden Bevölkerung aufgrund der beträchtlichen Kosten, die es mit sich bringt, sich beraten zu lassen und Besitztümer zu wechseln. Trotzdem werden sämtliche Anleger – Individuen und Institutionen – von denen, die mit Beratung oder der Durchführung von Transaktionen Geld verdienen, ständig zum Handeln gedrängt. Die daraus resultierenden Reibungskosten können enorm sein und für alle Investoren zusammen ohne Nutzen. Ignorieren Sie daher das Gerede, halten Sie die Kosten so niedrig wie möglich und investieren Sie in Aktien, wie Sie es bei einer Farm tun würden.

Wir haben die Absicht, weiterhin nur mit Menschen zusammenzuarbeiten, die wir mögen und bewundern. Dieses Vorgehen maximiert nicht nur unsere Chancen auf gute Ergebnisse, sondern garantiert uns zudem eine tolle Zeit.

Ich kaufe teure Anzüge.
Sie sehen an mir nur billig aus.

Ich sollte hinzufügen, dass ich mit meinem Geld genauso umgehe, wie ich es immer empfehle: Was ich hier rate, entspricht im Wesentlichen den Grundsätzen, die ich in meinem Testament festgehalten habe. Mein Rat an den Vermögensverwalter könnte gar nicht einfacher sein: Investieren Sie zehn Prozent des Geldes in kurzfristige Staatsanleihen und neunzig Prozent in einen sehr günstigen S&P-500-Indexfonds (Ich empfehle Vanguard). Ich glaube, dass die Erträge so auf lange Sicht höher ausfallen werden als bei den meisten Investoren – seien es Pensionsfonds, institutionelle Anleger oder Individuen –, die teure Manager einsetzen.

Das »Wann« *[einer Investition]* ist ebenfalls wichtig. Die Hauptgefahr besteht darin, dass der schüchterne oder unerfahrene Investor gerade dann einsteigt, wenn an der Börse Übermut herrscht, und dann von Verlusten desillusioniert wird. (Denken Sie an die Worte des verstorbenen Barton Biggs[6]: »Ein Aktienboom ist wie Sex. Er fühlt sich am besten an, kurz bevor er vorbei ist.«) Das Gegenmittel zu dieser Art des falschen Timings besteht darin, als Investor über einen langen Zeitraum Aktien zu sammeln und sie nie zu verkaufen, wenn es schlechte Nachrichten gibt und der Kurs in den Keller sackt. Wenn er diese Regeln befolgt, wird ein »ahnungsloser« Investor, der sein Kapital streut und die Kosten minimal hält, quasi mit Sicherheit zufriedenstellende Ergebnisse einfahren.

6 Barton Biggs (1932–2012) gilt als Wall-Street-Legende und war u.a. Gründer des Investmentunternehmens Morgan Stanley.

»Je tiefer die Preise sinken, desto besser ist es für einen Käufer, der das Unternehmen kennt, in das er investiert. Fallende Kurse bereiten mir immer gute Laune.«

Die meisten meiner Überlegungen über das Investieren habe ich aus Ben Grahams Buch *Intelligent Investieren*, das ich 1949 erstand. Dieser Kauf änderte mein Finanzleben ... Für mich waren die Kernpunkte in den Kapiteln zu finden, die in späteren Ausgaben die Nummern 8 und 20 trugen. (In der Originalausgabe von 1949 waren die Kapitel anders durchnummeriert.) Diese Punkte steuern heute meine Investitionsentscheidungen. ... Von allen Investitionen, die ich je getätigt habe, war der Kauf dieses Buches die beste (bis auf die Gebühren für meine beiden Trauscheine).

Eine unwiderstehliche Fußnote: 1971 investierten Pensionsfondsmanager rekordverdächtige 122 Prozent der netto verfügbaren Mittel in Unternehmensanteile – sie konnten zu vollen Preisen gar nicht genug davon kriegen. 1974, als die Kurse abgestürzt waren, steckten sie nur 21 Prozent in Aktien, ein Rekordtief.

Sowohl Manager als auch Investoren müssen einfach verstehen, dass die Bewertung eines Unternehmens mit den Zahlen der Buchhaltung beginnt, nicht endet.

Die schlimmsten Unternehmen sind die, die schnell wachsen, erhebliche Mengen Kapital benötigen, um dieses Wachstum zu erzeugen, und dann wenig oder kein Geld verdienen. Nehmen Sie die Fluggesellschaften. In der Branche hat sich jeder dauerhafte Wettbewerbsvorteil seit den Tagen der Gebrüder Wright als trügerisch erwiesen. Wäre irgendein weitsichtiger Kapitalist damals in Kitty Hawk dabei gewesen, hätte er seinen Nachfahren einen großen Gefallen damit getan, Orville abzuschießen.

Ich habe mich widerwillig von der Vorstellung verabschiedet, mein Portfolio nach meinem Tod weiter zu verwalten – und somit die Hoffnung aufgegeben, der Redewendung »thinking outside the box« eine neue Bedeutung zu verleihen.

»Je klüger die Journalisten sind, desto besser ist es für die Gesellschaft. Denn bis zu einem bestimmten Grad lesen die Leute Zeitung, um sich zu informieren – und je besser der Lehrer, desto besser die Schüler.«

Die allerwichtigste Entscheidung bei der Bewertung eines Unternehmens betrifft die Preisgestaltung. Wenn man die Preise erhöhen kann, ohne Kundschaft an die Konkurrenz zu verlieren, hat man ein sehr gutes Unternehmen. Wenn man ein Gebet aufsagen muss, bevor man die Preise um ein zehntel Cent erhöht, hat man ein furchtbares Unternehmen.

Beim Investieren liegt der Schlüssel nicht darin, einzuschätzen, inwieweit eine Branche die Gesellschaft verändern oder wie sehr sie wachsen wird, sondern darin, den Wettbewerbsvorsprung eines bestimmten Unternehmens und vor allem die Beständigkeit dieses Vorsprungs zu bestimmen.

»Hüten Sie sich vor Fachidioten, die Ihnen mit Formeln kommen.«

Wenn Sie ein Unternehmen und die Zukunft dieses Unternehmens perfekt verstünden, wäre eine sehr kleine Sicherheitsmarge ausreichend. Daher gilt: Je anfälliger ein Unternehmen ist, desto größer sollte die Sicherheitsmarge sein, wenn Sie trotzdem in es investieren wollen. Wenn Sie mit einem Lastwagen über eine Brücke fahren, die für fünf Tonnen ausgelegt ist und Ihr Fahrzeug 4,9 Tonnen wiegt, finden Sie es vielleicht okay, wenn zwischen der Brücke und dem Grund der Spalte, über die sie führt, nur 15 Zentimeter liegen, doch wenn sie den Grand Canyon überspannt, ist Ihnen ein etwas größerer Sicherheitsspielraum vielleicht doch lieber.

»Ich bestehe darauf, täglich viel
Zeit damit zu verbringen,
einfach dazusitzen und
nachzudenken.
Das ist in der Geschäftswelt
sehr ungewöhnlich.
Ich lese und denke nach.
Dann lese ich noch mehr und
denke noch mehr nach und
treffe weniger impulsive
Entscheidungen als die
meisten in der Branche.
Ich tue es, weil mir diese Art
Leben gefällt.«

Ihre Premiummarke sollte besser etwas ganz Besonderes sein, sonst kann sie sich nicht durchsetzen.

Wie Sie wissen, heißt es, wir lebten in unsicheren Zeiten. Wissen Sie, jede Zeit ist unsicher. Ich meine, selbst damals – selbst 2007 waren die Zeiten unsicher, wir wussten es nur nicht. Am 10. September 2001 waren die Zeiten unsicher. Am 18. Oktober 1987 waren die Zeiten unsicher, man wusste es nur nicht.

»Allem Talent und
Anstrengungen zum Trotz – einige Dinge brauchen Zeit. Niemand kann innerhalb eines Monats ein Kind hervorbringen, indem er neun Frauen schwängert.«

Ich könnte das Haushaltsdefizit in fünf Minuten beenden. Verabschieden Sie einfach ein Gesetz, das allen amtierenden Kongressmitgliedern jedes Mal, wenn das Defizit mehr als drei Prozent des BIP beträgt, untersagt, sich zur Wiederwahl zu stellen.

»Fragen Sie niemals einen Friseur, ob Sie einen Haarschnitt brauchen.«

Kombinieren Sie Ahnungslosigkeit mit erhöhtem Fremdkapital, und Sie erhalten äußerst interessante Ergebnisse.

»Wissen Sie … man macht immer wieder das Gleiche, und es führt immer wieder zum gleichen Ergebnis.«

Zur Ironie des inflationsbedingten Kapitalbedarfs gehört es, dass die hochprofitablen Unternehmen – im Allgemeinen die angesehensten – relativ wenig Fremdkapital benötigen. Doch die Unternehmen, die in puncto Rentabilität hinterherhinken, können nie genug bekommen. Dieses Problem verstehen die Kreditgeber heute viel besser als vor zehn Jahren – und sie sind dementsprechend weniger gewillt, den kapitalhungrigen, wenig rentablen Firmen Unmengen von Geld in den Rachen zu werfen.

»Meinungsumfragen ersetzen nicht das Nachdenken.«

Inbrunst ist der Preis der Exzellenz.

Menschen, die eine Farm oder ein Mietshaus besitzen und jahrzehntelang ruhig dasitzen können, brechen allzu oft in Hektik aus, wenn sie einer Flut von Aktienkursen und den begleitenden Kommentaren ausgesetzt sind, die zwischen den Zeilen oft besagen: »Sitzen Sie nicht einfach herum – tun Sie etwas.« Für diese Investoren verwandelt sich ihre Liquidität dann von dem uneingeschränkten Vorteil, der sie sein sollte, in einen Fluch.

»Der Unterschied zwischen erfolgreichen und sehr erfolgreichen Menschen ist, dass sehr erfolgreiche Menschen zu fast allem ›nein‹ sagen.«

Kaufen Sie Anteile eines Unternehmens, weil sie zu den Besitzern gehören möchten, nicht weil sie wollen, dass der Aktienkurs steigt.

Das ist so, als stelle man die Mannschaft für die Olympischen Spiele 2020 aus den Kindern der Gewinner des Jahres 2000 zusammen.

»Ein Pferd, das bis zehn zählen kann, ist ein bemerkenswertes Pferd – kein bemerkenswerter Mathematiker.«

Die Leute werden immer versuchen, einen davon abzuhalten, das Richtige zu tun, wenn es unkonventionell ist.

Ich hätte kein Problem damit, ins Gefängnis zu gehen, wenn ich dort drei Zellengenossen hätte, die Bridge spielen.

»Liebe ist das Beste,
was Eltern ihren Kindern
mitgeben können.«

Mein Nachfolger wird über eine besondere Stärke verfügen müssen: die Fähigkeit, sich gegen das Abc des Unternehmensniedergangs zur Wehr zu setzen, nämlich Arroganz, Bürokratie und Selbstzufriedenheit (»complacency«).

> Gold wird in Afrika oder irgendwo anders aus dem Boden geholt. Dann schmelzen wir es ein, graben ein weiteres Loch, verscharren es darin und bezahlen Leute dafür, es zu bewachen. Es hat keinerlei Nutzen. Sollte uns jemand vom Mars aus beobachten, kratzt er sich sicher am Kopf.

»Sparen Sie nicht das, was nach dem Ausgeben übrig bleibt, sondern geben Sie das aus, was nach dem Sparen übrig bleibt.«

Einige materielle Dinge versüßen mir das Leben, bei vielen wäre das jedoch nicht der Fall. Ich bin gern Besitzer eines teuren Privatflugzeugs, doch ein halbes Dutzend Häuser wären eine Last. Zu oft ergreift eine große Menge von Besitztümern schließlich Besitz vom Eigentümer selbst. Was ich neben der Gesundheit am meisten schätze, sind interessante, unterschiedliche und langjährige Freunde.

Mein Reichtum basiert auf der Kombination eines Lebens in Amerika, ein paar guten Genen und dem Zinseszins. Meine zwei Kinder und ich haben das, was ich die Eierstocklotterie nenne, gewonnen. (So lag die Wahrscheinlichkeit, dass ich, als ich 1930 geboren wurde, in den USA zur Welt kam, bei mindestens 30:1. Dass ich weiß und als Mann zur Welt kam, machte in unserem Land damals ebenfalls vieles leichter.) Mein Glück wurde noch dadurch verstärkt, dass ich in einer Marktwirtschaft aufwuchs, die manchmal verzerrte Ergebnisse hervorbringt, obwohl sie unserem Land insgesamt gute Dienste leistet. Ich arbeite in einem Wirtschaftssystem, in dem diejenigen, die anderen auf dem Schlachtfeld das Leben retten, mit einer Medaille belohnt werden, tolle Lehrer mit Dankesschreiben der Eltern, aber diejenigen, denen die Fehlbewertung von Wertpapieren auffällt, mit Summen, die in die Milliarden gehen. Kurz gesagt, es ist völlig willkürlich, wer beim Schicksal ein langes Streichholz zieht.

Es ist ein Fehler, dem täglichen Auf und Ab eines Kurses Beachtung zu schenken – es ist bedeutungslos.

Wenn Aktienoptionen keine Form der Vergütung sind, was sind sie dann? Wenn Vergütungen nicht zu den Ausgaben zählen, wozu dann? Und wenn Ausgaben nicht in die Berechnung des Gewinns einfließen, wo dann?

»Wir wollen, dass unsere
Manager über das nachdenken,
was zählt, nicht darüber,
wie man es zählt.«

Unternehmensführungen, die beim Börsengang ihres Unternehmens sagen oder andeuten, ihre Aktien seien unterbewertet, gehen üblicherweise entweder sehr sparsam mit der Wahrheit oder wenig sparsam mit dem Geld der derzeitigen Anteilseigner um.

Gefeuert zu werden kann sich für einen CEO als extrem lukrativer Zahltag erweisen. Manchmal verdient er an dem einen Tag, an dem er seinen Schreibtisch freiräumt, mehr, als ein amerikanischer Arbeiter in seinem ganzen Leben dafür bekommt, Toiletten zu putzen. Vergessen Sie die alte Maxime, nichts sei erfolgreicher als Erfolge: In den Führungsetagen gilt heute allzu oft, dass nichts erfolgreicher ist als Versagen.

»Geliehenes Geld ist der häufigste Grund dafür, dass kluge Menschen pleitegehen.«

Charlie Munger und ich lieben Zeitungen – wir lesen beide täglich fünf Stück.

Man kann nie wissen, was eine Aktie genau wert ist, daher sollte man immer eine Sicherheitsmarge einkalkulieren. Investieren Sie nur, wenn Sie selbst dann recht gut aus der Sache herauskommen, sollten Sie ein Stück weit danebenliegen.

»Um nicht zu viele dumme Dinge
zu tun, reicht es aus,
ein paar sehr wichtige Dinge
richtig zu machen.«

Die glücklichsten Menschen besitzen nicht zwingend die besten Dinge.
Sie schätzen das, was sie haben.

Irgendwann kommt die Zeit, da sollten Sie tun, was Sie wollen. Einen Beruf ergreifen, den Sie toll finden. Dann werden Sie morgens aus dem Bett springen. Ich finde es verrückt, wenn jemand ständig Jobs annimmt, die ihm nicht gefallen, nur weil sie angeblich gut im Lebenslauf wirken. Ist das nicht ein bisschen so, als spare man sich den Sex fürs Alter auf?

»Das Leben ist wie ein Schneeball.
Entscheidend ist es, feuchten
Schnee und einen extrem
langen Hügel zu finden.«

Die größten Privatvermögen in diesem Land entstanden nicht mit Hilfe eines Portfolios von fünfzig Unternehmen. Sie entstanden, weil jemand ein einziges, wunderbares Unternehmen erkannte.

> Lethargie, die an Faulheit grenzt, sollte weiterhin ein Eckpfeiler des Investierens sein.

Aktien wissen nicht, dass sie in Ihrem Besitz sind. Wenn Sie etwas für sie empfinden, werden diese Gefühle nicht erwidert. Die Aktien wissen nicht, was Sie für sie bezahlt haben. Man sollte keine emotionale Verbindung zu seinen Aktien aufbauen.

Mitte der 1990er kaufte ich ein Unternehmen namens Dexter Shoe und bezahlte 400 Millionen Dollar dafür. Und ich habe Berkshire-Aktien im Wert von etwa 400 Millionen Dollar abgegeben, die heute vermutlich 400 Milliarden wert sind. Aber ich habe viele dumme Entscheidungen getroffen. Das gehört dazu.

Die meisten institutionellen Anleger zu Beginn der 1970er Jahre maßen dem Wert eines Unternehmens nur eine geringe Bedeutung bei, wenn sie entschieden, zu welchem Preis sie kaufen oder verkaufen wollten. Das ist heute schwer zu glauben. Doch diese Anleger befanden sich damals im Bann von Wirtschaftswissenschaftlern an angesehenen Unis, die eine neue Theorie predigten: Die Börse sei derart leistungsfähig, dass die Berechnungen des Wertes eines Unternehmens – und selbst Nachdenken an sich – bei Investitionen keine Rolle mehr spielten. (Wir haben diesen Wissenschaftlern viel zu verdanken, denn was verschafft einem in einem geistigen Wettstreit – sei es Bridge, Schach oder die Auswahl von Aktien – einen größeren Vorteil als Gegenspieler, denen beigebracht wird, Nachdenken sei Energieverschwendung?)

»Man sollte nie mit beiden Füßen testen, wie tief der Fluss ist.«

Ein Finanzinstitut, dem eine strafrechtliche Verfolgung droht, ist nicht in der Lage zu verhandeln.

> Die Reichen werden immer sagen: Gebt uns einfach mehr Geld, dann ziehen wir los und geben mehr aus, und das kommt dann auch allen anderen zugute. Doch das hat in den letzten zehn Jahren nicht funktioniert, und ich hoffe, dass die Amerikaner das langsam begreifen.

Durch Streuung lässt sich ein Vermögen vielleicht erhalten, doch erschaffen kann man es nur durch Konzentrierung.

»Bis zu einem gewissen Grad verschafft Geld Ihnen Zugang zu einem interessanteren Umfeld. Doch es ändert nichts daran, wie viele Menschen einen lieben und wie gesund man ist.«

Ihr Ziel als Investor sollte sein, zu einem vernünftigen Preis einen Anteil eines Unternehmens zu kaufen, das Sie verstehen und bei dem es praktisch gesichert ist, das dessen Erträge in fünf, zehn und zwanzig Jahren erheblich höher sein werden als heute. Sie werden im Lauf der Zeit nur auf wenige Unternehmen stoßen, die diesen Vorgaben entsprechen – daher sollten Sie, wenn Sie ein solches finden, eine bedeutende Menge Aktien kaufen. Zudem müssen Sie der Versuchung widerstehen, von Ihren Grundsätzen abzuweichen: Wenn Sie eine bestimmte Aktie nicht zehn Jahre lang halten wollen, ziehen Sie gar nicht erst in Erwägung, sie zehn Minuten lang zu besitzen. Stellen Sie ein Portfolio von Unternehmen zusammen, deren Gesamterträge über die Jahre ansteigen, dann wird das auch für den Marktwert des Portfolios gelten.